tierisch – menschlich

Gerda Ocker

tierisch – menschlich

Gerda Ocker, Jahrgang 1919, studierte an der Pädago-
gischen Hochschule in Hannover und war anschließend
im Schuldienst tätig. Die in Langenhagen-Krähenwin-
kel lebende Autorin führte mit Kindern selbstverfasste
Theaterstücke auf. 1999 veröffentlichte sie ernste und
heitere Gedichte unter dem Titel „Im Tierkreiszeichen
Zwillinge geboren".

Bibliografische Information der Deutschen Nationalbibliothek:
Die Deutsche Nationalbibliothek verzeichnet diese Publikation in der
Deutschen Nationalbibliografie; detaillierte bibliografische Daten sind im
Internet über http://dnb.d-nb.de abrufbar.

© 2008 Gerda Ocker
Illustrationen: Gerda Ocker
Satz, Umschlagdesign, Herstellung und Verlag:
Books on Demand GmbH, Norderstedt
ISBN: 978-3-8334-7659-4

Inhaltsverzeichnis

Teil 1

Teil 2

Zu meinen Gedichten

1999 erschien mein erster Gedichtband mit dem Titel „Im Tierkreiszeichen Zwillinge geboren". Es heißt, dass Menschen dieses Tierkreiszeichens zwei Seelen in ihrer Brust haben.

Das erklärt, dass in Teil eins dieses Gedichtbandes unter dem Titel „Mensch und Natur" ernste und sensible Gedichte zusammengefasst sind und in Teil zwei „Freude am Spaß" heitere und auch manchmal frivole.

Als ich noch als Lehrerin im Berufsleben stand und auch noch andere Anforderungen an mich gestellt wurden, fand ich keine Muße zum Dichten. Da mir das Reimen leicht fällt, habe ich zu verschiedenen Anlässen Beiträge geleistet. Für meine Schulkinder schrieb ich Theaterstücke eigenen Inhaltes und nach bekannten Erzählungen.

Als ich mich im sogenannten Ruhestand befand, begann ich mit meinem Gedichtband „tierisch – menschlich". Dabei erkannte ich, dass Mensch und Tier ähnliche Verhaltensweisen haben. Es machte mir Spaß, in Form von Tiergedichten den Menschen einen Spiegel vor die Augen zu halten.

Über Teil zwei steht: „Kein Mensch ist vollkommen". Wir alle haben unsere Schwächen. Nehmen wir es mit Humor!

Teil I

Es gleichen auf der Welt allhier
auf viele Art sich Mensch und Tier.
Vielleicht erkennst du gar beim Lesen
ein dir bekanntes menschlich Wesen.
Der „Kuckucke", der gibt es viele,
gar mancher steckt zu hoch die Ziele.
Das Tier kann für uns sein ein Spiegel,
z. B. der Igel und der Beagle.

Der Philosoph
Späte Erkenntnis

Der Philosoph, der Marabu,
klappt seine Augen auf und zu,
stöhnt hochmütig, den Schnabel schief:
„Dumm sind sie alle, primitiv!
Ich glaube wohl, es ist das Beste,
wenn ich sie wissenschaftlich teste."

Ein Fluss im Dschungel ward sein Ziel.
Dort schwamm ein altes Krokodil.
„Du schwimmst hier rum im großen Bach,
denkst übers Leben du auch nach?
Das wollte ich dich gerne fragen.
Kannst Wesentliches du mir sagen?"
„Komm näher!", sprach's. „Komm nah heran,
damit ich dich verstehen kann!"
Kaum nähert sich der Marabu,
mit offnem Rachen kommt im Nu
das Krokodil an Land gezischt.
Fast hätt's den Marabu erwischt.
Der springt total entsetzt zur Seite.
„Ich dacht's mir doch, die erste Pleite!
Das Krokodil denkt nur ans Fressen.
Das streich' ich aus, kann ich vergessen."
In seinem Buch macht er 'nen Strich
und aus dem Dschungel er entwich.

Im Urwald trifft er einen Affen,
scheint zur Befragung wie geschaffen.
„Was denkst du über den Sinn des Lebens?"
„Ach je, da fragst du mich vergebens.
Frag lieber dort mein teures Weib!
Sie tut's vielleicht zum Zeitvertreib."
„Gut", sagt er. „Ja, ich werd sie fragen."
Sie sieht ihn an. „Was soll ich sagen?
Sie sind doch klug. Gewiss Sie ahnen,
wo's gibt die leckersten Bananen.
Ich habe wirklich großen Schmacht."
„Ach, habe ich mir's doch gedacht!
Auch sie denkt an das Fressen nur,
von Geist auch nicht die kleinste Spur!"
Und sucht nach dieser zweiten Pleite
kopfschüttelnd wiederum das Weite.

Die Schildkröte im flachen Land
schiebt mühsam sich durch Kraut und Sand.
Der Marabu kommt grad daher.
Er sagt: „Du hast es wahrlich schwer.
Den dicken Panzer stets zu tragen,
jahrzehntelang, muss dich doch plagen!"
„Das sag ich dir! Es ist nicht leicht.
Hätt' ich das Ende nur erreicht!"
„Doch hast du in den vielen Jahren
manch Wissenswertes wohl erfahren.
Was hat in deinem langen Leben,
sag, deinem Dasein Sinn gegeben?
Erlaub' mir bitte diese Frage."
„Das Leben? Eine einz'ge Plage!
Jahrzehnte schon muss ich mich schinden,
um etwas Fressbares zu finden.
Du störst mich dabei, Marabu,
drum lass mich bitte jetzt in Ruh!"

14

Der Marabu denkt: Dies perfekt
sich klar mit meinem Urteil deckt;
doch will der Wissenschaft zum Besten
ich unverzüglich weiter testen.
Und also dann landab, landauf
er Tiere testete zuhauf;
fand nie ein besseres Ergebnis,
niemals ein positiv Erlebnis.
Er sprach: „Ich könnt noch hundert fragen,
ihr Geist steckt wirklich nur im Magen!"

Als nun der weise Marabu
entschlossen schlägt sein Testbuch zu,
da sieht er eine kleine Maus,
die sah so quicklebendig aus.
„Ich seh', dass du so heiter bist.
Was deines Lebens Sinn wohl ist?
Gern möchte solches ich dich fragen."

„Ich weiß es selber nicht zu sagen.
Was meinen Sie wohl, mein Verehrter?
Sie sind doch schließlich ein Gelehrter."
Da macht der weise Marabu
den Schnabel plötzlich auf und zu
und sieht entsetzlich gierig aus.
Das Mäuslein sagt sich: Bloß nach Haus!
Und flitzt ganz schnell ins Mauseloch,
ruft: „Gott sei Dank, ich lebe noch!"

Der Marabu steht starr vor Schreck,
stöhnt: „Oh, nun ist das Mäuslein weg!
Fast hätte ich mich jetzt vergessen
und hätte prompt es aufgefressen.
Doch seh' ich ein", seufzt er ganz platt,
„vom Geist allein wird man nicht satt.
Was nützt mir da des Lebens Sinn,
wenn was mir gut tut ist dahin?
Ich brauch ein schmackhaftes Gericht!
Die nächste Maus entwischt mir nicht!"

Das Reh im Schnee

Bei Mondenschein im Schnee
steht traumverloren ein Reh.
Die Eule fragt sich hoch im Baum:
„Was sieht das Reh in seinem Traum?"
Als grübelnd sie die Augen rollt,
das Reh sich still von dannen trollt.
Vom traumverlornen Reh
bleibt nur die Spur im Schnee.
Sie hätt's zu gerne wissen g'wollt.
So sehr sie auch die Augen g'rollt
in ihres Lebens Jahren,
sie sollt' es nie erfahren –
und das tut weh!

Eine traurige Geschichte

Die Nacktschnecke Amalie
fraß kahl fast eine Dahlie,
bis auf ein einzig Blütenblatt.
Das fraß sie nicht, dieweil sie satt.
Als sie der Durst just übermannte,
schob sie – trotz Warnung ihrer Tante –
sich an ein volles Glas mit Bier.
Als böse Falle stand das hier.
Und als sie trinken wollt' voll Gier,
macht's *Plumps* –
weg war Amalie!
Fast kahl stand da die Dahlie.
Das Blütenblatt weht' matt im Wind.
„Ich warnt' dich doch, mein liebes Kind!"
Verzweifelt rief die gute Tante,
klebt' traurig an des Glases Kante
und weinte um die arme Nichte.
Ach ja, welch traurige Geschichte!

Auf anderer Kosten

Zum Kuckuck sprach der Specht:
„Das ist, weiß Gott, nicht Recht.
Die andern Vögel bauen Nester
und was tust du, mein Allerbester?
Legst in ein fremdes Nest dein Ei.
Das ist fürwahr ’ne Schweinerei!
Ich sage dir, das ist blamabel!“
Der Kuckuck sprach:
„Ach, halt’ den Schnabel!
Wenn andere so dämlich sind,
so ist das eben mein Gewinn.“
„Auch füttern lässt du deine Brut.
Auf andrer Kosten lebt sich’s gut.

Du selber amüsierst dich nur,
von Anstand nicht die kleinste Spur.“
Der Kuckuck rief ganz frech: „Kuckuck!“
Entfernte sich in schnellem Flug.
Des Spechtes Vorwurf ließ ihn kalt.
„Kuckuck“ klang’s sorglos aus dem Wald.

Das nackte Schwein

„Oh Herr!", rief eines Tags das Schwein.
„Warum bin ich so nackt?

Die andern Tiere sind schön fein
in Federn, Fell verpackt.
Die Nacktheit grämt mich,
macht mir Pein!
Rot werde ich vor Scham."
Da sprach der Herr:
„Das soll nicht sein,
frei sollst du sein von Gram!
Komm, folge mir zum FKK,
den Kummer wirst du los!"

Und als es mit dem Herrn war da,
sah's Menschen völlig bloß
einhergehn ungeniert.
„Oh Herr, die sind ja alle nackt!",
das Schwein rief irritiert.
„Ganz ohne Scham und Pein!"
„Du siehst, auch sie sind unverpackt.
Zufrieden sei nun, Schwein!"
„Hab Dank, oh Herr!
Du machst mich reich,
stolz kann ich, glücklich sein.
Kein Tier ist so den Menschen gleich
wie ich, das nackte Schwein!"

Ritter Esel

Es war einmal ein Esel.
Der Esel kam aus Wesel.
Wollt' fahren einst nach Bingen,
was ihm nicht sollt' gelingen.
Stattdessen kam er nach Köln,
was gar nicht er hatte wöll'n.
Doch war das letztlich nicht fatal,
weil man dort feierte Karneval
mit „Kölle alaaf" und „Tatütt".
Und schon stand er in der Bütt,
schrie „Iieeh" und „Aaah" und zog genau
Gott und die Welt durch den Kakao.
Wider den tierischen Ernst
erhielt er einen Orden
und ist dazu auch noch
zum Ritter geschlagen worden.
Drauf fuhr der Ritter Esel
vergnügt zurück nach Wesel.

Die Macke

Einst lebte eine Ratte,
die eine Macke hatte.
Dreht' um sich selbst im Kreiseltanz,
glaubte, dass jemand ihr den Schwanz
wollt' beißen ab, die schönste Zier,
die eine Ratte schmückt allhier.
Doch eines Tags biss sie, oh Schreck,
ein Stück vom Schwanz sich selber weg.
Drauf sauste ab sie mit Gerase.
Total geraten in Ekstase
lief sie nun vor sich selbst davon.
Man sah sie jagen kurz durch Bonn,
dann durch Paris und durch Neapel,
wo um sie riss 'nen Früchtestapel.
Zuletzt man sah sie noch in Chur,
doch dann verlor sich ihre Spur.
Wer wagt ihr Schicksal wohl zu deuten?
Traf sie vielleicht 'nen Therapeuten,
der sie alsbald hat heilen können?
Ich würde es der Ärmsten gönnen;
denn mitleidsvoll ich sage mir:
Eine Ratte ist ja auch ein Tier.

Hahn und Regenwurm
(nach einem Witz)

Ein Hahn stolziert im grünen Gras,
das noch vom frischen Tau ganz nass.
Ein Regenwurm liegt dort beglückt.
Den hat der Hahn – *Wupp!* – aufgepickt.

Doch ruft der Wurm frech, voll Vergnügen:
„Du sollst mich lange noch nicht kriegen!
Noch diene ich dir nicht zum Schmaus!",
und kriecht dem Hahn flugs hinten raus.

Der Hahn, der guckt total verdutzt.
„Hab ich den denn nicht grad verputzt?
Glaub nicht, dass mir das einerlei!",
und frisst den Regenwurm aufs Neu,
stellt mit dem Po sich an die Wand
und ruft: „Nun komm du mal gerannt!"

Jedoch der Wurm ist auch nicht blöd.
Der merkt schon, wo der Wind herweht.
„Haha! Mit mir ist's noch nicht aus!"
Und kriecht ihm vorne wieder raus.

Der Hahn aufs Neue zwar verdutzt,
zum dritten Mal den Wurm verputzt.
„Das könnte mir gewiss nicht frommen,
würd'st du mir noch einmal entkommen.

Das wär' für einen Hahn blamabel."
Steckt hinten rein sich seinen Schnabel
und denkt vergnügt: „Ja, welch ein Spaß!
Nun lauf dich munter tot, du Aas!"

Warum denn ich?

Ein Hund wollt' nicht gehorchen mehr.
Warum denn ich? Warum nicht er?
Ich habe echt die Schnauze voll!
Er mir jetzt erst mal kommen soll!
Als „Platz!" sein Herr begann zu schrei'n,
hob Karo kurzerhand das Bein
an seines Herren guter Hose.
In stolzer, selbstbewusster Pose
ließ steh'n er seinen Herrn, der blass
an sich hinunter sah, wo's nass.

Theodor

Der Jungfrosch namens Theodor
sang den Tenor im Abendchor.
Auf einem Blatt im Mondenschein
sah er ein reizend Froschmägdlein.
Es war so schön und Theodor
verliebte sich bis übers Ohr.
Er sang für sie voll Liebesglut
und nach dem letzten Ton, voll Mut,
taucht' schnell er in des Teiches Flut,
um zu der Schönen zu gelangen.
Und als er auftaucht' voll Verlangen,
voll Sehnsucht aus dem kühlen Nass,
sah er die Schöne mit 'nem Bass
verschwinden fern im Mondenschein.

Dort, wo sie saß, hockt' er allein.
Ach, es zerriss ihm schier das Herz.
Verzweifelt rief er voller Schmerz:
„Mein junges Glück, es ist dahin,
vorbei ist meines Lebens Sinn!"
Er sprach zu sich: „Im grünen Gras
geb ich mich hin dem Storch zum Fraß.
Da find ich einen schnellen Tod.
Vorbei ist dann die Liebesnot!"

Am Morgen an des Teiches Rand
schwimmt er und hüpft ins grüne Land.
„Es komme, was da kommen soll!
Mein blutend Herz, von Liebe voll,
werf ich um dich dahin dem Storch!"
Kaum das gesagt, da kommt er. „Horch!
So sei's, dass ich den Tod jetzt find'!"
Der Storch, auf rechtem Auge blind,
kann drum den Theodor nicht sehen,
schaut nur nach links im Weitergehen.

Der eben noch im Tod geschwebt,
begreift alsbald, dass er noch lebt.
„Das Schicksal will nicht, dass ich sterbe,
will nicht, dass ich so jung verderbe."
Ich kehr' in meinen Teich zurück!
Vielleicht find' doch ich noch mein Glück?"

Eh' er getaucht ins kühle Nass,
sah er am Teichesrand im Gras
ein Froschmägdlein, lieblich geartet.
Es rief: „Ich hab auf dich gewartet!
Oh lieber, lieber Theodor,
du sangst so schön im Abendchor!
So wunderbar hat's mir geklungen,
als hätt'st du nur für mich gesungen."

Dem Theodor ging auf das Herz,
sang ihr von Lieb' und Liebesschmerz.
Sang: „Du bist mein und ich bin dein!
Was auf der Welt könnt' schöner sein?"
Gemeinsam kehrten sie zurück
in ihren Teich, ein junges Glück.

Der Traum

„Könnt' ich wie Fledermäuse fliegen",
ein Mäuschen seufzte sehnsuchtsvoll,
„dann könnt' mich keine Katze kriegen.
Das wäre toll!
Ich flöge über Hof und Haus
und lachte alle Katzen aus.
Sollt' ich es wohl einmal probieren?
Ich glaub, ich werde es riskieren."
Am Speicherfenster harrt' sie lange,
ihr kleines Herz schlug ach so bange.
Doch sprang sie schließlich voller Mut.
Oh, kleine Maus, das war nicht gut!
Sie knallte runter auf den Platz.
Da sprang die Katz'!
Der Traum vom Fliegen, der war aus.
Arme kleine Maus!

Lebenskünstler

Ein lebensfroher Brummer
hockt auf 'nem Rest vom Hummer.
Er fraß sich dumm und dämlich,
doch das bekam ihm nämlich
nicht gut; denn als der Brummer,
satt, fiel darauf in Schlummer,
da traf ihn – Peng! – ein harter Schlag.
Zur Nacht wurde ihm prompt der Tag.
Doch als der Tag ihm kehrt' zurück,
ward klar ihm, dass er hatte Glück.
Zwar fehlte ihm ein Bein, oh Kummer,
doch heiter rief darauf der Brummer:
„Wie gut, der Schlag ging fast daneben!
Fünf Beine reichen auch zum Leben.
Es war ein leckrer Hummer!"
Froh flog davon, der Brummer.

Durch Schaden wird man klug

Es traf ein Hund, ein Beagle,
im Garten einen Igel.
Der Beagle sprach: „Der Garten hier
ist mein Revier. Du dreistes Tier,
verschwinde hier!"

Der Igel drauf: „Für mehr als zwei
sogar, ist dieser Garten frei.
Drum lass dein albernes Gebell!",
und machte sich zur Kugel schnell.

„Hau ab!", so schrie der Beagle rüde.
„Ich bin ja doch nicht lebensmüde",
der Igel sprach. „Lass mich in Ruh!
Wenn dir's nicht passt, dann geh doch du!"

Der Beagle laut: „Ich sehe rot!
Ich fress dich auf! Ich beiß dich tot!"
„Ich kann nur deine Grobheit rügen",
der Igel sprach. „Doch mit Vergnügen,
die Mahlzeit dir bekomme gut!"

Da biss der Beagle voller Wut
fest in des Igels Stachelkleid.
Ach, Hund, das war wohl nicht gescheit,
das „Gut bekomm's" ein schlechter Scherz!

Der Beagle jaulte laut vor Schmerz.
Nase und Schnauze arg durchstochen,
er im Gebüsch sich hat verkrochen.
Der Igel siegreich, grunzte heiter
und lief auf seinem Wege weiter.
Die Wunden leckend schwor der Beagle:
„Niemals mehr beiß' ich einen Igel!"

Drum sei gesagt mit Recht und Fug:
Durch Schaden wird erst mancher klug.

Vergebens

Im Blauen fliegt ein Schmetterling,
ein kleines buntes Flatterding.
Es freut sich seines Lebens.
Ein Vogel kommt daher, oh Schreck,
und – Wupp – der Schmetterling ist weg.
Die Freude war vergebens.

Das Faultier

Das Faultier saß auf einem Baum,
bewegte sich so viel wie kaum.
Ein Spatz besah sich das seit Tagen,
hielt's nicht mehr aus, musst' etwas sagen.
„Wenn ich dir zuseh', ist mir klar,
schaffst keinen Meter du im Jahr,
kriegst von der Welt, die wunderschön,
auf diese Weise nichts zu seh'n."
Das Faultier sprach: „Nur mit der Ruh!
Flieg du herum nur immerzu!
Mir reicht's in Frieden hier zu thronen,
da kann ich meine Nerven schonen.
Ich fresse diesen Zweig jetzt kahl,
die schöne Welt ist mir egal.
„Uah", das Faultier gähnt gelassen.
Der Spatz: „Das ist doch nicht zu fassen!"
Verständnislos reißt auf den Schnabel,
fliegt raus ins Feld, ruft laut: „Blamabel!"

Einst am Lago Maggiore

Der Erpel Edi in einem Pfuhl
klagte verzweifelt, weil er war schwul.
Die Entenmama war entsetzt
und Schwester Mimmi hat verpetzt
ihn überall, und das war rüde.
Nun ist der Edi lebensmüde.

„Edi, das ist doch keine Schande!",
rief von des kleinen Pfuhles Rande
ihm fröhlich zu 'ne flotte Wespe.
„Hör her! Ich bin doch auch 'ne Lesbe,
und bin nun mal so, wie ich bin.
Was jammerst du dumm vor dich hin?
Such dir 'nen Freund am großen See,
vorbei ist dann dein Ach und Weh!"
Drauf fasste Edi sich ein Herz,
zurück ließ Kummer er und Schmerz.

Am See traf er Antonio.
Ach ja, wie war der Edi froh!
Antonio rief völlig cool:
„Mir macht es gar nichts, dass ich schwul.
Lass tratschen sie wie blöde Raben,
nur wichtig ist, dass wir uns haben!"

Am Lago Maggiore, glücklich, frei,
sah ich zusammen einst die zwei.

Verletzte Seele

Es war einmal ein Hund;
der Hund kam aus Stralsund.
Fuhr einstmals nach Bayreuth,
wo er sich nicht gescheut,
den Lohengrin zu singen.
Er glaubt', er könnt' es bringen.
Er sang mit Inbrunst und mit Mut,
doch wurd' er leider ausgebuht.
Verletzt und in der Seele wund
der Hund zurückfuhr nach Stralsund.

Der Maulwurf

Der Maulwurf ist ein harmlos' Tier,
wühlt fleißig unterm Rasen.
Er wühlt mal da, er wühlt mal hier,
streckt manchmal raus die Nasen.
Dem Gartenfreund frommt es mitnichten.
Dem Kerlchen spinnefeind,
versucht er diesen zu vernichten.
Kein Tierfreund, wie mir scheint.

Den Menschenmaulwurf gibt's fürwahr –
der allerschlimmsten Sorte.
Im Dunklen, im Verborgnen gar,
wühl'n andren sie zum Torte.
Kommen sie doch einmal ans Licht,
unschuldsvoll die Gebärde.
Sie schaden mehr als jener Wicht,
der wühlt in dunkler Erde.

Drum seht ihr euren Rasen,
bunt von den vielen Haufen,
denkt, dass viel kleine Nasen
auch gern einmal verschnaufen.

Aufstand der Hennen

Der Hofhahn, mächtig aufgeblasen,
eitel stolziert auf grünem Rasen.
Zwei Hennen ihn auf beiden Seiten
ganz liebedienerisch begleiten,
und sich ergeben darein schicken,
sein Federkleid schön rein zu picken.
Der Macho nimmt's ganz ungerührt;
er meint, dass dieses ihm gebührt.
Die Henne Lina ist empört;
mächtig sie dies Theater stört.
„Was ist denn los mit den zwei Hennen,
dass sie mit diesem Macho rennen?

In Kürze hat er beide satt
und macht die nächste Henne platt!"
Sie steht total in hellen Flammen
und ruft das Hennenvolk zusammen.

„Haben wir alle keine Ehre?
Jetzt wird es Zeit, dass man sich wehre!
Wir werden aller Welt zum Spott.
Ich ruf euch auf jetzt zum Boykott!"
Sie spricht von Ehre und Moral.
Die Hennen gackern Beifall all.

Und als am nächsten Tag der Hahn
will an 'ne andre Henne ran,
das ganze Hennenvolk verwegen
dem Hofhahn mutig tritt entgegen.
„Wir sind dir nimmermehr zu Willen!
Wirst dreist du, werden wir dich killen!
Es will jetzt jede ihren Hahn!"
Bedrohlich kommen sie heran.

41

Der Hahn will nicht den Augen trau'n
und flieht geschwind über den Zaun
hinaus ins Feld, verstört, entgeistert.
Die Hennen gackern hell begeistert,
so, wie wenn sie ein Ei gelegt,
total euphorisch und erregt.

Doch nächsten Tags ist das vorbei.
Befruchtet wird kein einzig Ei.
„Woher 'nen Hahn für jedes Huhn?",
sie fragen laut. „Was soll'n wir tun?
Jetzt haben wir noch nicht mal einen",
beginnen lauthals sie zu greinen.
Im ganzen Hofe nur Tumult.
„Die Lina ist an allem schuld!"
Sie jagen diese mit Geschrei.
„Mit dir, da ist es jetzt vorbei!"
Doch flattert diese schnell ins Feld
und ruft: „Wo bist du, unser Held?"

Sie findet ihn, der voller Wut.
„Oh, lieber Hahn, es war nicht gut.
Es war gewiss nur eitler Wahn.
Es reicht für uns ein einz'ger Hahn.
Kannst du verzeih'n mir meine Schuld
und mir vergönnen deine Huld?"
Da „nimmt" er sie – zu ihrem Glück –
und kehrt geschwollnen Kamms zurück
zu seinen Hennen. Die sind froh,
dass ist zurück ihr Hof-Macho.
Es braucht's 'nen Hahn nun mal zum Zeugen,
dem muss auch jedes Huhn sich beugen.
Für jeden Hahn ein einzig Huhn?
Da hätt' zu wenig er zu tun.
Wo sollt' mit der Potenz er bleiben?
Wer weiß, wohin dies würde treiben?
Drum die Moral von der Geschicht:
Dass wider die Natur 's geht nicht!

Eine neue Spezies

Ein Elefant und ein Krokodil
sich liebten voller Lust
im letzten Sommer im August.
Und dieser sel'ge Zeugungstrieb
nicht ohne ernste Folgen blieb.
Man fragte sich: Was wird daraus?
Und so sah dann der Nachwuchs aus.
Ward wissenschaftlich bald bekannt als
Krokoeledilefant

Teil 2

Kein Mensch ist vollkommen!

Über die eigenen Schwächen zu lachen,
herzhaft über das, was andere machen,
sei uns unbenommen.
Wer nicht sich bewahrt den goldnen Humor,
der ist fürwahr ein armseliger Tor!

Spaziergang

Fiffi geht mit Frauchen spazieren,
sie auf zwei Beinen, er auf vieren.
Und Fiffi, dieser liebe Kleine,
sein Frauchen stramm hält an der Leine.
Im Grase an dem Wegesrand,
da riecht es so interessant.
Dort hat gewiss ganz frei vom Schame
das Gras markiert 'ne Hundedame.
„Komm, Fiffichen!", sagt's Frauchen heiter.
„Komm, lieber Schatz, wir wollen weiter!"
Doch Fiffichen, der kleine Schuft,
betört zu sehr von jenem Duft,
er schnüffelt weiter, das muss sein,
hebt zwischendurch auch mal das Bein.
„Mein Kleiner, du musst doch jetzt hören!",
sie säuselt, um ihn zu betören.
Dann: „Fiffichen, was soll das bloß?"
Der hockt sich nieder und macht „groß",
kratzt mehrfach mit dem Hinterbein,
denn Ordnung, weiß er, die muss sein.

„Nun komm!", ruft sie jetzt doch energisch.
Gegen den Ton ist er allergisch
und zerrt ganz plötzlich stramm die Leine.
Dem Frauchen reißt's fast weg die Beine.
Als sie ihm folgt, so schnell sie kann,
da hält er plötzlich wieder an,
weil's wieder riecht am Wegesrand
so übermäßig interessant.
Fast hätt' sich's Frauchen längs gelegt,
ruft nun ganz ärgerlich erregt:
„Du Böser! Ach, was machst du bloß?!",
und macht ihn von der Leine los.
Der Fiffi denkt: Sei lieber klug,
sie hat von dir jetzt wohl genug.

Er wedelt fröhlich mit dem Schwanz,
vollführt 'nen wahren Freudentanz,
benimmt sich ferner jetzt gemessen
im Hinblick auf das Abendfressen
und spielt total den kleinen Frommen.
Als sie zu Hause angekommen,
Frauchen erschöpft sieht auf ihn nieder,
sagt: „So, mein Schatz, da sind wir wieder.
Mein Kleiner, bist du wieder brav?"
Ich bin ja doch kein dummes Schaf,
denkt er, sieht ganz ergeben aus
und giert frech nach dem Abendschmaus.
Sie sagt: „Jetzt kriegst du feines Futter.
Frauchen ist doch 'ne liebe Mutter,
nicht wahr?"
„Na klar!

Ich sah ihn

Ein dicker Mann mit Dackel
joggt durch den Wald, der Lackel.
Rotes Gesicht, verbissne Miene,
schnauft er wie eine Dampfmaschine.
Ja, glaubt der denn, das sei gesund?
Man hört's, sein Motor läuft nicht rund.
Und auch dem Dackel pfeift die Lunge;
fast auf den Boden hängt die Zunge.
Es würde beiden besser stehn,
geruhsam durch den Wald zu gehn.
Bevor er's schafft, wo er geparkt,
stirbt er gewiss am Herzinfarkt.

Zeitungsnotiz
An einem Baume lag er und –
daneben lag sein treuer Hund …

Streitgespräch

„Die Katze liebt einen Hund!"
„Na und?"
„Heute ist auch alles erlaubt,
wie peinlich!"
„Sei nicht so verstaubt
und kleinlich!"
„Sie zeugten dreizehn Junge!"
„Und? Alle vergnügt und gesund,
nach Mendel* kunterbunt."
„Sie sind nicht Hunde,
sind nicht Katzen,
hinten Pfoten und vorne Tatzen,
machen weder Miau noch Wauwau.
Wie soll das weitergehn?"
„Das wird man seh'n.
Selbst wenn eine Katze liebt eine Gans,
Hauptsache ist doch wohl Toleranz."
„Nein, schrecklich! Das ist nicht normal!
Für mich ein totaler Skandal."
„Du bleibst doch ein ewig Alter,
ein Kotz-Moralverwalter,
für unsere Zeit zu eng.
Peng!"

* H.J. Mendel, Begründer der Vererbungslehre

50

Das einfältige Mariechen

„Mariechen, mach' das Plumpsklo rein!
Das muss nun heute wirklich sein!",
sagt eines Tags die Bäuerin.
„Ja", sagt Mariechen und geht hin
mit Bürste, Eimer und so weiter.
Sie holt auch noch die kleine Leiter,
zieht ihre Gummistiefel an
und überlegt: „Wo fang ich an?
Da unten ist der schlimmste Dreck
und der, der muss zuerst wohl weg."
Drauf steigt sie mittels Leiter munter
gleich in die Jauchegrube runter.
Und als sie eifrig schrubbt und putzt,
klappt eine Tür. Mariechen stutzt!
Sie denkt: „Das kann ja wohl nicht sein,
dass jetzt ein Mannsbild kommt herein
und pinkelt mir auf meine Haare!
Herrjemine und Gott bewahre!
Bevor er blankziehn kann, oh Graus,
streck' ich den Kopf schnell oben raus!"

Der Mann, entsetzt, sieht das Gesicht,
das plötzlich laut ruft: „Jetzt noch nicht!"
Und er, der fast schon in Aktion,
der denkt bei diesem scharfen Ton,
ein Geist sei's, der von unten kam.
Verschließt schnell wieder seine Scham
und flüchtet eilends aus dem Raum.

Mariechen, die berührt das kaum,
taucht wieder unter und putzt froh
von unten weiter rein das Klo.
Wo jener seine Notdurft leert,
Mariechen keineswegs beschwert,
lässt kalt sie, ist ihr ganz egal.
Gott, schütz' die Einfalt allemal!

Der unmögliche Ton
(es soll passiert sein)

Da sitzen sie alle beim Galadiner,
geschmückt bis zum Scheitel, dass jeder es seh'.
Da sind der Reden so viele gehalten,
die meisten von so gewichtigen Alten;
zum Beispiel von jenem alten Keiler,
hält sich für was, dieser dicke Langweiler.
Doch schließlich erhebt sich einer vom Sitz,
der zeigt endlich einmal Humor und auch Witz.
Nach dem Applaus jedoch, als er sich setzt,
ein peinlicher Ton laut den Festsaal durchfetzt.
Mir scheint, jetzt war echt eine Bombe geplatzt.
Hat mit dem Ton er sein Ansehn verpatzt?
Manch einer schaut peinlich berührt zur Seite
ob dieser ach so unmöglichen Pleite.
Er jedoch sagt, als ihn Blicke durchbohren:
„Pardon! Was an Achtung ich eben verloren,
hab ich, wenn auch mein Ansehn zerronnen,
ganz sicher an meiner Gesundheit gewonnen."
Und widmet sich dann, als sei nichts passiert,
dem Rinderfilet, das man grade serviert.

Tierisch

Der Mensch hat einen Floh.
Er hat ihn, aber wo?
Glaubt er, er packt ihn, ist er fort,
schwelgt längst an einem andren Ort.
Er sticht an ganz gemeinen Stellen,
es juckt, die Haut beginnt zu schwellen.
Der Mensch, in allergrößter Not,
sieht demzufolge mehr als rot.
Und alldieweil so sehr geplagt,
geht weiter zornig er auf Jagd.
Doch seufzt er schließlich voll Verdruss:
„Ich gebe auf, ich mache Schluss!"
Er will ins Bett, um dort zu leiden,
und er beginnt sich zu entkleiden.
Da! Hallo! In der Unterhose
schläft blutberauscht der Floh, der lose.
Der Mensch sagt kalt: „Von meinem Blut
geht's, wie ich seh', dir Untier gut.
Zum letzten Mal bist du jetzt satt!",
und drückt ihn rachedurstig platt;
legt siegesfroh sich dann zur Ruh.
Die Augen fallen schnell ihm zu.
Doch all sobald ein Horrortraum
hält ihn in seinem Schlafe kaum.
Da kommen Flöhe, riesengroß,
bedrohlich! Ach, wer hilft mir bloß?

„Was hast du unserm Freund getan?",
sie rufen – und sie greifen an.
„Im Schlaf ihn töten war gemein!"
Sie stechen alle auf ihn ein.
„Nein!", schreit er. „Hilfe! Hört doch auf!"
Springt schweißbedeckt vom Lager auf.
Es brennt und juckt von Kopf bis Fuß,
vom toten Floh ein letzter Gruß.
Ein Duschbad hilft ihm von der Pein,
legt sich dann wieder und schläft ein.
Zuvor: „Oh Herr, ich bitt' dich so:
Bewahr' mich vor dem nächsten Floh!"

Churchill und die Zigarre

Im Mund eine Brasilzigarre,
die aussah so wie eine Knarre,
die gab des Premiers Angesicht
nöt'gen Respekt und viel Gewicht.
Den blauen Rauch, der scharf half denken,
hat er gebraucht, den Staat zu lenken.
So half im gottverdammten Krieg
dies Ding auch mit zu Englands Sieg.
Ich glaube wohl, sie wär' es wert,
dass man sie durch ein Denkmal ehrt.
Auf dem Trafalgar Square lang schon
der Nelson steht auf seinem Thron.
Wäre es Mangel an Respekt,
wenn in den Mund man sie ihm steckt?

Die Vollkommene

Frau Müller, sie hat immer Recht.
Man meide jedes Wortgefecht.
Auch Fehler macht Frau Müller nie.
Wie bitte? Ach, was denken Sie!
Ob Kunst, Musik, Literatur,
ja, fragen Sie Frau Müller nur!
Die Jugend sie total verehrt
und das gewiss ist Goldes wert.
Als beste Köchin von der Welt
ein jeder die Frau Müller hält.
Und muss sie einst ihr Leben lassen,
sollte ihr Ruhm doch nie verblassen.
Ein Denkmal wäre angemessen,
die Nachwelt könnt' sie nie vergessen.
Vom schönen Stein würd's weithin klingen,
manch Vöglein froh ihr Loblied singen.

Fritz und Karl

Die beiden Alten, Gott sei Dank,
schaffen im Stadtpark noch die Bank.
Da sitzen Fritz und Karl, die zwei.
Als sie so reden mancherlei
von früher, morgen und von heute
und wohl auch über andre Leute,
ein junges Mädchen geht vorbei
mit leichtem Schritte, frisch und frei.

Seufzt Fritz: „Da wird mir ja ganz warm.
Hätt' ich die Süße doch im Arm!"
Der Karl schnalzt lecker mit der Zunge,
sagt schwärmerisch: „Hör, alter Junge!
Die Kleine und im hohen Gras,
das wäre was, das wär' ein Spaß!
Sie drücken, knutschen, richtig schmusen
und streicheln ihren zarten Busen!"
„Ach ja", seufzt Fritz ganz sehnsuchtsvoll.
„Ach Karl, das wäre wirklich toll!"

Die beiden schweigen. Die Gedanken
sich um die süße Kleine ranken.
Der Fritz plötzlich erregt und blass:
„Sag Karl, ich glaub, da war noch was?!"
„Ja, Fritze, jaaaa – aber bloß was?"

Pingel-Single

Ein tolles Auto fährt Herr Pingel,
nur leider ist Herr Pingel Single.
Drum lud zur Fahrt im Sonnenschein
er eine junge Dame ein.
Er wollte gern ihr imponieren
und als sie waren am Parlieren,
da klatschte plötzlich, ach du Schreck,
vorn auf die Haube Vogeldreck.
Herr Pingel hielt total empört,
weil dieser Klacks ihn mächtig stört,
begann zu putzen und polieren.
Die Dame konnt's nur amüsieren.
Stöhnte: „Das ist ja wohl zum Schrei'n!
Wie kann Mann nur so pingelig sein!
Das hält ein Mensch im Kopf nicht aus.
Zu Fuß gehe ich jetzt nach Haus."
Zu ihm:
„Ich glaube wohl, werter Herr Pingel,
Sie bleiben besser weiter Single!"
Drehte sich um und ließ ihn stehn.
Herr Pingel konnt' das nicht verstehn.
Drum pingelt er alleine weiter
auf seiner Single-Lebensleiter.

Nein, so etwas!

Ich bin in der Straßenbahn ohnmächtig umgefallen.
Ich war ja schon weg,
deshalb hört' ich's nicht knallen.
Und das kam so: Ich stand, alle saßen – wie üblich.
Doch für einen mit 70 ist das schon betrüblich.
Fast hätt' ich 'nem Herrn auf die Füße getreten.
Ich fürchte, er hätt' sich's energisch verbeten.
Doch sagte er: „Bitte nehmen Sie Platz!"
Da fiel ich in Ohnmacht und machte den Satz.
Als ich erwachte, da dacht' ich: „Wie dumm!
Nun stehen sie alle und stehen um mich rum.
Jetzt wären für mich sogar x Plätze frei,
doch ich liege ja schon, drum ist's einerlei.
Da hat das Aufstehen für mich keinen Sinn.
Ich liege! – Setzt euch nur wieder hin,
auf den Allerwertesten,
ihr Verehrtesten."

Das Fernglas

Das Fernglas ist zum Fernegucken.
Doch wenn du es hältst falsch herum,
tut alles noch viel ferner rucken,
z. B. das Vöglein auf dem Ast
siehst du nicht mehr, noch nicht mal fast,
und das wär' dumm.

Du willst ja sehen, was so ferne.
Rücken auch näher nicht die Sterne,
den Unterschied zwisch' einem Kranich
und einem Spatz, den kannst du seh'n,
und das ist schön.
Ohn' Fernglas könntest du das ga(r) nich(t).

Sternbild „Zwillinge"

Ich sitze da, um Schuhe zu kaufen.
Ach, ist das stets eine Plackerei!
Um mich herum schon ein ganzer Haufen.
Für welche entscheid' ich mich nur?

Die einen zu sehr an den Ballen drücken.
Der linke, der ist viel zu klein.
Die nächsten mich so an den Hacken zwicken,
nicht auszuhalten, oh nein!

Die Verkäuferin mit Engelsgeduld
Karton um Karton schleppt daher.
Schon fühl' ich mich peinlich in ihrer Schuld.
Die Entscheidung, verdammt, ist die schwer!

Na ja, sie kosten ja schließlich 'ne Menge,
man trägt sie Tage um Tage.
Und sind sie am Ende doch zu enge,
ist's eine einzige Plage.

Doch eh die Verkäuf'rin die Nerven verliert,
da denke ich: „Also, es muss!"
Ich hab' ein Paar Schuhe kurz anvisiert
und sage: „Die nehme ich, Schluss!"

Zu Hause seh' ich die Schuhe an.
Zu was sollen die eigentlich passen?
Ich hab' nichts zu Grün, oh Mann, oh Mann,
meine Wahl ist doch nicht zu fassen!

Jetzt muss zu den Schuh'n ich das Passende kaufen
und dann geht's von vorne los!
Ich könnte mir glatt die Haare raufen.
Verdamm mich, wie konnte ich bloß?

War ich denn wirklich völlig benommen?
Ich bringe sie glatt wieder hin.
Ich hab' sie doch nur aus Verzweiflung genommen.
Schlimm, dass ich ein Zwilling bin!

Am Morgen trag' ich die Schuhe zurück.
„Sie drücken mich so an den Zeh'n!"
sag ich. Man gibt mir mein Geld zurück
und hofft, mich nie wiederzuseh'n.

Agathe

Die Jungmöwe Agathe
am Strand fand eine Tomate,
glaubte, sie sei zum Fressen gut,
und sie war teuflisch auf der Hut,
wollt sie mit keinem teilen,
drum wollt' man sie verkeilen*.
Die andren riefen: „Halt, du Schuft!"
Da stieg Agathe in die Luft,
ließ die Tomate fallen.
Man hörte – Patsch! – es knallen,
als auf 'nes Mannes Glatze
dieselbe kam zu Platze.
Der Mann, der rief: „Du liebe Not,
die Möwen kleckern jetzt schon rot!
Werden die gar politisch?
Da wär' ich aber kritisch.
Vielleicht ja auch der Dünger
um einiges macht jünger
und ist für meinen Haarwuchs gut?
Wenn nicht, geh' ich nur noch mit Hut."

* verkeilen = kriegt Keile (Prügel)

Die edle Seele

Es weiß ein jeder, wie sie war.
Nun steht er da vor dem Altar,
der Sarg dort mit der Leiche,
die ach so kalt und bleiche.
Zu Ende und erledigt.
Der Pastor hält die Predigt.

Predigt, wie edel und gut sie war.
Das macht er schon, das ist doch klar.
Wem gab sie nicht ein Zeichen?
Wer könnt' sie je erreichen?

Schon hört man leises Schnäuzen
von ganz ergriff'nen Käuzen
und hier und dorten fließen
die Tränen und ergießen
sich ob der edlen Seele,
die ach so ohne Fehle.

Hat man ein schlecht' Gewissen,
weil gestern noch zerrissen
sich Mäuler, als am Leben
gewesen sie noch eben?

Doch heut ist man dazu bereit,
spielt inbrünstig Ergriffenheit.
Das ist die rechte Masche!
Drum Friede ihrer Asche.

Pfarrer Seligs Wunder

Es suchte ein Maikäfer seine Base,
mit der er gerne flirten wollte,
und landete, was er nicht sollte,
auf Pfarrer Seligs Rotweinnase;
nicht angenehm, kann man verstehn.
Der Pfarrer, im Gebet zur Ruh',
der schlug spontan vor Schrecken zu.
Da lag es nun, das arme Tier.
„Im Nachtgebet, was tat ich hier?
Oh Herr, ich gebe dir mein Wort,
das, was ich tat, es war kein Mord!

Das Tier, es hat mich so erschreckt,
da schlug ich zu ganz im Affekt.
Ich bitte dich, oh Herr, inständig,
den Käfer mach' wieder lebendig!
Gern nehm' ich jede Strafe hin,
weil ich dein treuer Diener bin!"

Er nahm den Käfer in die Hand
und trug ihn vor des Hauses Wand,
legte ihn vorsichtig ins Gras,
das schon vom Abendtau war nass.
Der aus der Ohnmacht war erwacht,
flog plötzlich in die Maiennacht.
Erstaunt sah ihm der Pfarrer nach.
Ein Dankgebet er innig sprach

und dann: „Da kann man doch mal seh'n,
selbst heute Wunder noch geschehn!
Ein Thema für die nächste Predigt.
Oh je, wie bin ich jetzt erledigt!"

Drum nahm im Pfarrhaus voller Lust
ein Fläschchen Rotwein er zur Brust,
legte weinselig sich dann nieder,
sprach, eh sich senkten seine Lider:
„Dank, Herr, dass du mein Fleh'n erhört,
und gib, dass mich jetzt nichts mehr stört!"

Ob jener seine Base fand,
ist nicht bekannt.
Und das ist gar nicht einerlei,
war's doch im Wonnemonat Mai.
Da sprießen überall die Triebe.
Ob er wohl fand zu seiner Liebe?

Dat Vergneugen

Als der Pilot zum Flugzeug geht,
ein Bäuerlein just vor ihm steht
und sagt: „Dat wär mek en Vergneugen,
in'n Heven mal met dek tau fleugen."
„Ja, gern. Komm mit!", sagt der Pilot.
„Gaut", ruft der fröhlich. „Sapperlot,
nen werklich netten Fleiger biste!"
Sie steigen beide in die Kiste
und all sobald geht's hoch hinauf
und der Pilot dreht mächtig auf.

Steil in die Höhe, senkrecht runter,
ein Looping und dann gar kopfunter,
zum Abschluss noch eine Spirale,
in einer Schleife dann zu Tale.
Und schließlich auf der Landebahn

rollt die Maschine aus, hält an.
Pilot und Bauer steigen aus.
Oh je, wie sieht der Fluggast aus!
Fragt der Pilot: „Hat's dir gefallen?"
Der tät ihm gerne eine knallen.
„Dat ek mek inne Böx hef scheten,
is nich din Ding, dat kannst woll weten.
Aber dat's mek ut'n Kragen is rutepullt,
dat segge ek, is dine Schuld.
Und dat, dat is woll din Vergneugen.
De Deibel, de schall met dek fleugen!"

Tat ohne Gruß vom Platze gehn.
und der Pilot blieb grinsend stehn.

Alwine und der Floh

Vorm Bahnhofsschalter steht Alwine
in einer Schlange, die recht lang,
geduldig und mit heitrer Miene.
Doch plötzlich wird ihr Angst und Bang,
denn einem Floh ist es gelungen,
sein altes Opfer zu verlassen,
ist an Alwines Bein gesprungen,
bekam die Wade just zu fassen.

Genüsslich klettert er nach oben,
schon wild auf junges Mädchenblut.
Und er beschließt, sich auszutoben.
Alwine find' das gar nicht gut.
Er sticht an Stellen, die zwar reinlich,
sich dort zu kratzen jedoch peinlich.

Alwine bleibt nichts als zu fliehen
und sich zu Hause auszuziehen,
dass sie den Übeltäter jage,
sich zu befreien von der Plage.
Indes der Floh, so voller Tücke,
entflieht stets schnell in eine Lücke.
Doch jetzt kann sie auf alle Fälle
sich kratzen an prekärer Stelle
und warten ab mit Recht und Fug,
bis er von ihrem Blut genug
und von Alwine hart verflucht
nunmehr ein andres Opfer sucht.

Die Sahnestückchentanten

Das sind sie, die Sahnestückchentanten,
haben nur Wülste, nicht Ecken, nicht Kanten,
sitzen mit ihren Pudelköpfchen
vor ihren duftenden Kaffeetöpfchen,
voll Wonne die leckren Torten schlecken,
die Sahne von ihren Lippen lecken.
Nichts Schöneres kann es für sie geben,
das ist ihre Freude, das ist ihr Leben.
Was sie verschlingen im Jahr, ist enorm.
Kein Wunder ist's, dass sie gehn aus der Form.
Am besten, sie meiden den Spiegel, die Waage,
weil sonst sich erhebet Gejammer, Geklage.
Ob Rauchen, ob Trinken, auch dieses verflucht,
auch Tortenschlemmen ist gewiss eine Sucht.

Stahlross und Pferd (bzw. Zossen)

Das Stahlross ist beileib' kein Pferd,
dieweil es hinten keinen Stert.
Der ist ihm ja auch nicht vonnöten,
braucht keinen Schwanz zum Bremsentöten.
Doch einen Sattel hat es auch –
direkt über dem Hinterschlauch.
Und tut man mal beim Fahren schwitzen,
kann man sich glatt den Po durchsitzen.
Beim Pferdesattel überm Bauch
kann man das auch.

Beim Pferd, da hat man ja die Zügel,
beim Stahlross eine Art von Bügel.
Da ist 'ne Klingel dranmontiert,
mit der man bimmelt ungeniert,
dass es ein jeder hören kann.
Am Zossen, da ist keine dran.
Gesetzt, es würde einst beschlossen,
Pflicht sei 'ne Klingel auch beim Zossen,
dann käm' die Frage: Aber wo?
(Vielleicht ein Rücklicht noch am Po?)

Dem Bundestag bleibt's überlassen,
mit dem Problem sich zu befassen.
Vielleicht macht ja das „Hohe Haus"
'ne extra Plenumssitzung draus,
jedoch gewiss nicht überhastet,
weil man zu sehr ist überlastet.
In absehbaren Zeiten, mein' ich,
wird man gewiss sich doch nicht einig.

An der Raucherkette

Die Zigarette hat ihn an der Kette.
Was wäre, wenn er keine hätte?

„Freiheit! Ich atme reine Luft!
So schön ist frischer Blumen Duft?"

Doch schon späht er zurück
nach seiner Kette.
„Verdammt noch mal,
wenn ich jetzt eine hätte!"

Auf Knien kröche er, ich wette,
für eine einz'ge Zigarette
zurück an seine Raucherkette.

Wie wär's denn wohl mit therapieren?
Schmerzte der Blinddarm,
würd' nicht er sich genieren, zu rufen:
„Doktor, bitte operieren!"

Da reimt sich nur noch:
„Froh krepieren!"

Malerpech

Ein Maler malte nächstens fleißig
an einem Bild bis elfuhrdreißig,
einsvierzig mal der Meter zwei, –
glaubte dass es gelungen sei.
Er legte sich zur Ruhe nieder,
zufrieden schloss er seine Lider.
Doch ahnt' er nicht, dass voller Tücke
im Morgengrauen eine Mücke
zum Atelier fand eine Lücke.
Gelandet oben auf dem Bild,
sie strampelte in Farbe wild.
Da jedes Bein im Öle klebte,
verzweifeklt sie nach unten strebte,
kämpfte ums Leben, hielt nicht inne,
zog tief durch's Bild so eine Rinne.
Als die zwei Meter sie geschafft,
die Ärmste war dahingerafft.
Der Maler, als er früh erwachte,
sofort an sein Gemälde dachte.
Jedoch, als er sein Kunstwerk sah,
fast einer Ohnmacht war er nah.
Verzweifelt rief er zornesrot:
„Glück hast Du Biest, weil du schon tot."
Doch dann: „Du hast ja auch gelitten.
Ich muss dich um Verzeihung bitten,
aus Menschlichkeit. Ich sage, weil
die Rache macht das Bild nicht heil:
„Weg mit dem Zorn, mit dem Gewinsel!
Frisch auf!" rief er und griff zum Pinsel.

Herbststurm

Herbststurm, Allerweltsgeselle,
kommst daher so auf die Schnelle.
Wie du an den Fenstern rüttelst
und wie wild die Bäume schüttelst!
Jagst die Blätter im Gewimmel
und die Wolken übern Himmel.
Wie du um die Mauern jaulst,
an verschlossnen Türen maulst!

Wohl dem, der nicht muss hinaus,
sitzt geborgen warm im Haus,
schmiegt sich in die Sofaecke,
kuschelt sich in eine Decke,
vor sich einen Punsch recht warm,
der durchflutet Seel' und Darm.

Der kann ja sein Heim wohl loben,
lässt den Burschen draußen toben,
macht sich weiter keine Sorgen.
Sicher schläft der Sturm schon morgen.

Hab Acht!

Es blüht und grünt an allen Ecken.
Die Sonne strahlt nach dunkler Nacht.
Im Gras schon die kecken Zecken
lauern auf dich: Hab Acht! Hab Acht!

Elise

Die schöne Gans Elise
geht heiter über die Wiese.
Die Schritte majestätisch,
ihr Antlitz ist ästhetisch.
Nun liegt sie hier
zu unserm Schmaus.
Das war Elise – aus.

Der Nachtigallenmuffel

Die Nachtigall schreit sich die Kehle wund.
Herrje, das ist doch nicht gesund!
Sie schmettert so in meinen Schlaf hinein,
als sei sie auf der Erde ganz allein.
Genauso gut könnt' sie am Tag doch singen,
anstatt mich nachts um meinen Schlaf zu bringen.
Dass Dichter ihr noch Komplimente machen,
das finde ich absurd, total zum Lachen.

Das Schwein

Als unser Herrgott das Schwein hat kreiert,
mit diesem Produkt er sich nicht hat blamiert.
Genießt auch das Schwein nicht den besten Ruf,
ist's uns doch näher als manch Tier, das er schuf,
's ist intelligent und drum ist es gemein,
das Wort zu gebrauchen „Du saudummes Schwein".
Auch „Drecksau" zu sagen, gibt's gar keinen Grund,
denn sauberer ist jedes Schwein als ein Hund.
Hält mancher vom Schwein seine Nase stets fern,
hat er's auf dem Teller zum „Fressen" doch gern.
Und letztlich ein jeder von uns, ich wette,
sein ganzes Leben wohl „Schwein" gerne hätte.

Es lebe das Glücksschwein, das Borstenvieh!
Es hat allzeit meine Sympathie.